Das Zigeuner-Lenormand-Deutungsbuch

Kartenlegen - die Kunst, mit überliefertem Wissen seine Zukunft zu sehen

von Karin Knödler

Gesamtherstellung: Bohmeier Verlag. Printed in Germany

ISBN 3-89094-349-7

Das Zigeuner-Lenormand-Deutungsbuch

Kartenlegen - die Kunst,
mit überliefertem Wissen seine Zukunft zu sehen

von Karin Knödler

Inhaltsverzeichnis

Vorwort

Die Autorin beschäftigt sich seit vielen Jahren mit der Erforschung des Schicksals. Auf ihrem Wege begleiteten sie viele Kartendecks. Sie arbeitete mit Skatkarten, mit Tarotkarten und mit den traditionellen Lenormandkarten, bis sie zuletzt zu den Zigeuner-Lenormandkarten kam.

Auf dem Wege zu einem Einkaufsbummel begegnete ihr eine alte Zigeunerin, die ihr anbot, für sie die Karten zu legen. Sie erkannte sofort die ihr vertrauten Symbole der traditionellen Lenormandkarten. Die Mystik dieser Karten hatte sie schon immer sehr inspiriert Aber sie erkannte auch die unendliche Weite, die Freiheit eines Zigeunerstammes, die diese Zigeuner-Lernormandkarten ihr vermittelten.

Nach diesem Erlebnis eignete sich die Autorin Kenntnisse und Erfahrungen der Symbole dieser Karten an. Sie ergründete mit ihnen die Unendlichkeit und die Freiheit des mystischen Kartenlegens. Sie öffnete damit die Tür zum Universum. Sie drang vor in Weiten, um das zu sehen, was die Menschen Schicksal nennen.

Das Ruder des Lebensschiffes

Dieses Übungshandbuch ist für alle geschrieben, die zu jedem Zeitpunkt mehr über ihre Zukunft wissen möchten!

Es ermöglicht Ihnen, die Zigeuner Lenormand-Wahrsagekarten schnell und sicher kennen zu lernen und zu deuten!

Ja es ist das Ruder Ihres Lebens!

Habe Geduld und mische die Karten

von Miguel De Cervantes Saavedra

Soweit wir in die Geschichte der Menschheit zurückblicken können, scheint es, als ob die Spielkarten häufiger zum Wahrsagen als zum Spielen benutzt wurden. Schon die alten Kelten benutzen etwas den Spielkarten Ähnliches, genauso, wie es die alten Griechen und Römer taten und versuchten, mittels Karten die Zukunft zu entschleiern. Die Ägypter fertigten die Wahrsagekarten aus Stein, während die Chaldäer ihre Karten aus Ton oder Lehm machten und sie mit Symbolen des Himmels schmückten.

Es wird angenommen, dass die ersten Karten durch umher wandernde Zigeunerstämme nach Europa gebracht wurden. Die Zigeuner sind ja bis heute wahre Meister im Gebrauch der Karten für Wahrsagezwecke geblieben.

Die Kartenserien, die sie dereinst aus Indien mitbrachten, sind wahrscheinlich die Ururahnen der Tarotkarten gewesen, die wir heute kennen und verwenden und aus denen sich nach und nach die jetzt allgemein üblichen Spielkarten entwickelt haben.

Das Wahrsagen mittels Karten wird *Kartomantie* genannt. Dieser Begriff setzt sich aus dem griechischen Wort *chartes* und der Nachsilbe *mantie* zusammen, ein Stück Papier und Prophezeiung. Die Kunst des Kartenlegens beruht zweifellos mehr auf den Fähigkeiten und dem Einfühlungsvermögen des Deuters als auf dem materiellen Stück Papier. All die Jahrhunderte hindurch haben begabte und sensitive Wahrsager und Schicksalsforscher irgendwelche Karten verwendet, die ihnen erreichbar waren, seien es der Tarot, die runden Kartenscheiben der Hindus, die Karten der Mlle Lenormond oder andere. Und sie haben mit all diesen verschiedenen Karten das erreicht, was sie wollten, haben mit Erfolg die Zukunft entschleiert. Versuchen auch Sie, lieber zukünftiger Wahrsager, zu lernen, wie man mittels der 36 Zigeuner-Lenormandkarten die Zukunft enthüllt.

Kartenlegen nach Mlle Lenormand: Die Kunst, mit überliefertem Wissen seine Zukunft zu sehen: die 36 Lenormand Karten

Marie Anne Adelaide Lenormand

Marie Anne Adelaide Lenormand wurde am 27. Mai 1772 in Alencon, Frankreich geboren und starb am 25. Juni 1843 in Paris. Mlle Lenormand war bis zu ihrem Tode in Paris erfolgreich tätig. Sie unterrichtete ihre Schüler in Kabbalistik, Alchimie, Astrologie, verschiedenen Wahrsagetechniken und griechischer Mythologie. Nur zu Beginn ihrer Tätigkeit verwendete sie Etteilla-Tarotkarten und Skatkarten. Dann hat sie das kleine Lenormand-Kartendeck entworfen. Im Grunde handelt es sich bei dem kleinen Lenormand-Spiel um für die damalige Zeit modernisierte Zigeunerkarten. Die Seherin verschickte Horoskope in alle europäischen Staaten. Sie wurde zu Fürsten und Prinzessinnen gerufen, die in Paris Napoleon huldigen mussten. Durch die Gattin von Napoleon, Josephine, gelangt der Ruhm der Seherin bis ins Königshaus. In ihrem Beratungsbüro Rue de Tournon gibt sie Konsultationen von morgens bis abends. Ihre Karten geben Auskunft über vergangene, gegenwärtige und zukünftige Ereignisse.

Mystisches Ritual

Wie bei allen mystischen Ritualen ist etwas da, was immer funktioniert, wenn wir uns offen und mit Ehrlichkeit den Karten widmen und unserem Unterbewusstsein vertrauen.

Zum Erlernen der Zigeuner-Lenormand-Karten brauchen Sie ein 36er Kartendeck. Ein neues Kartendeck ist immer kalt und nicht griffig. Sie werden aber sehen, dass es mit jedem Kartenmischen griffiger, wärmer und Ihnen immer vertrauter wird. Mit jedem Spiel geht mehr Macht und Übersinnliches aus dem Universum auf die Karten über und Sie werden mit jeder Legung mehr sehen.

Die Karten der Zigeunerin Lenormand geben Auskunft über die vergangenen, gegenwärtigen und zukünftigen Ereignisse. Außerdem erhalten wir nicht nur Prognosen und Entscheidungshilfen, sondern darüber hinaus auch Auskunft über Partnerschaft, Berufliches, Finanzielles, über Verträge und Abschlüsse, sogar über Ihre echten und falschen Freunde, über Pflanzen und Tiere und vieles mehr.

Mystisches Kartenlegen als Lebensberatung auf dem vorbestimmten Lebensweg!

Denn es gibt auf Erden keine Zufälle, alles ist vorherbestimmt! Du kennst das Geheimnis der Zukunft, bevor das Schicksal eintritt!

Wie lege ich die Wahrsagekarten?

Machen Sie sich von allen Gedanken und Gefühlen frei, die Sie beschäftigen und beeinflussen können. Nur wer innerlich ruhig ist, kann sich ein Bild machen von den Karten, die er deutet. Mann sollte sich angewöhnen, eine Kerze anzuzünden und einen wohltuenden Duft in die Lampe zu geben. Waschen Sie sich die Hände und reinigen Sie den Tisch, auf dem Sie die Karten legen. Ein violetter Tischbezug wäre ebenfalls von Vorteil.

Lesen Sie mit den Karten aus Ihrem Schicksalsbuch!

Wir beginnen nun mit der Bedeutung der einzelnen Karten.

Die Einzelbedeutungen der Karten

1. Der Reiter

Diese Karte steht für schnelle Kontakte, Gespräche, Nachrichten per Telefon, Fax oder E-Mail.

Die umliegenden Karten zeigen die Wichtigkeit der Nachricht an.

Einzelbedeutung: gute Nachricht, Überraschung kleine Hoffnungen, Wünsche.

Körperlich: Gelenke, Fußknöchel.

Aussage: Ja-Karte.

Tiere: –

2. Der Klee

Diese Karte steht für Glück und Hoffnung, glücklicher Ausgang, glückliches Gelingen.

Die umliegenden Karten zeigen an, womit man Glück hat oder hatte. Am Ende der Deutungssache bleibt das Glück erhalten.

Einzelbedeutung: Hoffnung, Freude und Glück.

Aussage: Ja-Karte.

Zeitangabe: bald; 3-4 Tage.

3. Das Schiff

Diese Karte steht für kleine Reisen, nächster Ort oder anderer Stadtteil, andere Stadt. Bei Menschen, die viel Reisen, kann es das Ausland bedeuten.

Die umliegenden Karten zeigen an, ob man selbst reist oder jemand angereist kommt.

Einzelbedeutung: Reise, Bewegung, eine Strecke, die man nicht zu Fuß zurücklegen kann, Gedanken und Sehnsüchte.

Körperlich: Leber.

Aussage: Ja-Karte; auf sich zukommen lassen.

4. Das Haus/Heim

Diese Karte steht für den häuslichen Bereich.

Die umliegenden Karten zeigen, wie man mit dem Wohnbereich umgeht oder umgehen wird.

Einzelbedeutung: Heim, Haus, Stabilität.

Körperlich: Der ganze Körper.

Aussage: Nicht auf Sand bauen, plane auf lange Sicht!

5. Der Baum (Karmische Karte)

In erster Linie steht diese Karte für das Leben, für den „Lebensbaum". Auch für die Abstammung. Diese Karte zeigt an, was man mit Sicherheit erleben wird oder erlebt hat. In Verbindung mit einer Personenkarte zeigt sie an, mit wem man familiär verbunden ist.

Einzelbedeutung: Gesundheit, das Leben, Langeweile, Holz, Wald.

Körperlich: Die Lungen.

Aussage: Zeitaufwand in Kauf nehmen.

Zeitangabe: Längerer Zeitraum: 9-12 Monate, früher Nachmittag.

6. Die Wolke

Diese Karte steht dafür, dass man etwas nicht durchschaut oder dass sich etwas aufgelöst hat.

Die umliegenden Karten zeigen, was man noch nicht weiß oder wissen kann.

Einzelbedeutung: Die dunkle Seite zeigt an, dass die Karten auf dieser Seite für uns bedrohlich sein werden. Die Karten auf der hellen Seite zeigen Besserung der Situation an.

Körperlich: Die Lungen, das Atmen.

Aussage: Beachte den seelischen Aspekt!

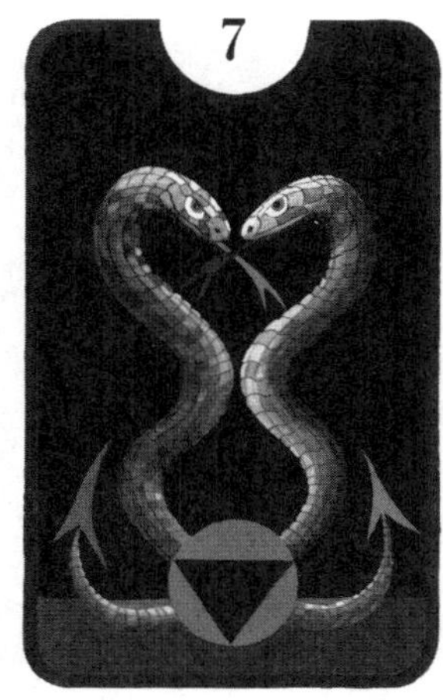

7. Die Schlange (Personenkarte)

Arbeitskolleginnen, Mutter, Schwiegermutter, Schwester, Freundin oder Feindin. Die Bedeutung geht aus dem Kartenbild hervor.

Je nach Lage der Karten bedeutet Die Schlange eine Personenkarte. Mit negativen Karten bedeutet sie „Falschheit".

Einzelbedeutung: Intelligente, oft gerissene Frau, kann auch für jede Frau stehen, wenn vorher festgelegt wurde, wer: Freundin des Mannes, Mutter ect. Landstraße, Wanderweg, Verwicklung, Komplikationen oder nur Warnung: „Vorsicht"!

Körperlich: Darm, Nabelschnur.

Aussage: Intelligenz wird gefordert.

Tiere: Reptilien oder Schlangen.

8. Der Sarg

Diese Karte steht für den Tod und die Gesundheit.

Wichtig: Sie steht nicht für den körperlichen Tod. Aber hat die Personenkarte den *Sarg* und noch zwei Verstärker, wird die Sache sehr kritisch. Äußerste Gefahr und Bedrohung!

Steht sie im Zusammenhang mit einer Personenkarte, so wird sich das Leben dieser Person grundlegend ändern. Es wird nie wieder so sein wie früher.

Die umliegenden Karten zeigen, wer oder was einen krank macht.

Einzelbedeutung: Medialität, Verlust, Krankheit, etwas ist nicht in Ordnung.

Körperlich: Seele, Spiritualität.

Aussage: Kein gutes Unterfangen.

9. Der Blumenstrauß

Diese Karte steht für das Glück in allen Dingen. Man bekommt etwas geschenkt.

Auch kann man sagen: man hat doppeltes Glück.

Die umliegenden Karten zeigen, wo oder durch was oder wen.

Einzelbedeutung: Nette kleine Gesellschaft, Höflichkeit, sehr nette Dame oder Kräuter.

Aussage: Sich auf keinen Fall provozieren lassen.

10. Die Sense

Diese Karte zeigt an, was plötzlich beendet wurde. Auch bedeutet sie einen neuen Anfang: „Aussaat und Ernte“.

Unfall oder Gefahr: Steht sie vor einer anderen Karte, bedeutet sie immer Gefahr, steht sie hinter anderen Karten, bedeutet es, dass etwas sehr plötzlich kommt.

Die umliegenden Karten zeigen, wie man die Karte deutet:

Einzelbedeutung: *Davor*: Warnung vor der Gefahr.

Dahinter: plötzlich als Erschrecken.

Darüber: Belastung. Metall, Eisenbahn oder Fahrzeuggestell.

Körperlich: Eisenhaushalt, die Zähne.

Aussage: Größte Vorsicht ist geboten!

11. Die Rute/das Schwert

Diese Karte bedeutet Ärger, Verdruss oder was einen wie Schläge oder Stiche getroffen hat. Sie steht auch für Streit und Gespräche.

Die umliegenden Karten zeigen, ob es gute oder schlechte Gespräche sind.

Mit Verbindung der Karte *Sarg* sind die Entgiftungsorgane krank: nicht die Nieren!

Einzelbedeutung: Kommunikation, aber auch Züchtigung, Sorgen, Streit, Rechtsgeschäft.

Körperlich: Zunge, Sehnen, Muskulatur.

Aussage: Vorher mit jemandem sprechen bzw. Rat einholen.

12. Die Vögel/Die Eule

Diese Karte steht für vorübergehende Mühen. Man denkt viel über eine Situation nach.

Die umliegenden Karten sagen aus, worüber man nachdenkt.

Einzelbedeutung: Hektik, Aufregung, Sorgen.

Als Personenkarte: 2 Personen.

Ehepaar, ältere Frau, stets in dienender Stellung.

Körperlich: Krampfadern, Nerven.

Aussage: Vorsicht, es gibt sonst Ärger!

Zahl: 2

13. Das Kind (Personenkarte)

Diese Karte zeigt das eigene Kind an in Verbindung mit einer „karmischen Karte". Sie kann auch eine jüngere Freundin anzeigen. Ebenfalls ist sie als Neubeginn oder als kleine zu erwartende Erfolge zu deuten.

Einzelbedeutung: Eigens Kind, Jugendlicher, unselbständig, naiv, Neuanfang, kleine Erfolge.

Aussage: Neu beginnen oder Warnung vor kindischem Betragen.

14. Der Fuchs

Diese Karte steht in Verbindung mit einer positiven Karte für Cleverness, mit negativen Karten für Falschheit und Hintergehen. Stellt einen scheinheiligen Kollegen oder Kollegin dar. Hals-Nasen-Ohrenarzt.

Die umliegenden Karten zeigen Näheres.

Einzelbedeutung: Gewitztes Vorgehen bis zur Falschheit, als Personenkarte hinterlistiger Kollege oder HNO-Arzt, Seitensprung eines Partners.

Körperlich: Hals, Nase oder Ohren.

Aussage: Falschheit.

Tiere: Katze.

15. Der Bär (Personenkarte)

Diese Karte steht für Vater in Verbindung mit einer „karmischen Karte“. Sie kann auch einen älteren Freund, den Chef oder einen älteren Liebhaber darstellen.

Die umliegenden Karten zeigen, worum es sich handelt.

Einzelbedeutung: Behörde oder Personenkarte.

Körperlich: Haare.

Aussage: Du bist stark und du kannst der Sache oder dem Menschen vertrauen.

Tiere: Hamster, Kaninchen.

16. Die Sterne

In Verbindung mit einer Personenkarte sind diese sensibel und feinfühlig. Mit *Sarg* Suchtgefahr. Glückskarte. Kälte oder Schnee.

Die umliegenden Karten zeigen, wonach man sich sehnt.

Einzelbedeutung: Klarheit, Reinheit, Hellsichtigkeit, Astrologie, Esoterik, Kunst, Musik, Kälte oder Schnee.

Körperlich: Die Haut.

Aussage: Alles Bestens.

17. Der Storch

Diese Karte steht für Veränderung, Beweglichkeit. Mit Karte *Haus* steht der *Storch* für Umzug.

Die umliegenden Karten zeigen, was sich verändern wird.

Einzelbedeutung: Umwandlung, Veränderung, Umsturz, Umbruch in geistigen Dingen.

Körperlich: Beine.

Aussage: Mache eine Kertwendung!

18. Der Hund (Personenkarte)

In Verbindung mit einer „karmischen Karte" ist es das eigene Kind, der Bruder oder ein jüngerer Liebhaber, aber auch ein guter oder schlechter Freund.

Die umliegenden Karten zeigen, um was es sich handelt.

Einzelbedeutung: Freundschaft, Treue als Eigenschaft, gutmütig, als Personenkarte siehe obige Deutung.

Körperlich: Gurgel, Stimmbänder.

Aussage: Eine gute Sache, langjährig, in Freundschaft.

Tiere: Hund.

19. Der Turm

Diese Karte steht für Einsamkeit. Arbeit, Ausbildung und Schule eines Kindes oder des Partners. In Verbindung mit *Park* öffentliches Gebäude; mit *Sarg* Krankenhaus und mit Verbindung einer „karmischen Karte" hohe Persönlichkeit.

Einzelbedeutung: Trennung, Isolation Hindernis, an dem selbst mitgewirkt wurde, egoistischer Mann, unbeliebter Chef, Stau, Sichtbehinderung, Grenze.

Körperlich: Wirbelsäule.

Aussage: Schwerer Kampf, Einsamkeit.

20. Der Park

Diese Karte steht für Öffentlichkeit.

Die umliegenden Karten zeigen an, wie man sich öffentlich oder gesellschaftlich orientiert. Einladung.

Einzelbedeutung: Öffentlichkeit, die Leute, großes Haus, Cafe, Veranstaltung, Einladung, ein Fest oder Seminar.

Körperlich: Behinderung.

Aussage: Auf die öffentliche Meinung Rücksicht nehmen. Damit vor die Öffentlichkeit treten.

21. Der Berg

Diese Karte steht für Stärke und Macht oder unüberwindliche Hindernisse. In Verbindung mit einer „karmischen Karte“ dominanter Mann, ein unangenehmer Chef oder ein feindlich gesinnter Mensch.

Die umliegenden Karten zeigen Näheres.

Einzelbedeutung: Engstirnigkeit, Sturheit, Blockade, Hindernis, eine Sache kommt nicht zustande.

Körperlich: Knochen, Schädel, Verkalkung.

Aussage: Schwierigkeiten.

22. Der Weg

Diese Karte zeigt an, man ist unterwegs: geistig, körperlich, seelisch, beruflich oder in der Partnerschaft. Je nach Lage sieht man, welchen Weg man genommen hat oder welchen Weg man in Zukunft gehen wird. *Der Weg* steht immer für eine Änderung. Man kommt und geht den gleichen Weg weiter oder man entscheidet sich an der Kreuzung für den anderen Weg.

Einzelbedeutung: Scheideweg, Suche nach Alternativen, Toleranz, Ausweichmöglichkeit, Entscheidung Kreuzung, Zufahrtstraße oder Waldschneise.

Aussage: Entscheide dich!

Zeitangabe: 7 Wochen.

23. Die Maus (Hauptnegativkarte)

In erster Linie steht dies Karte für Verlust. Es muss nicht immer Bargeld sein, sondern es kann auch ein materieller oder menschlicher Verlust sein. Am Ende einer Achse bleibt der Verlust erhalten. Je nach Lage kann sie Verlust und neuer Anfang bedeuten. Auch kann man sagen, sie macht einen krank, es „nagt" etwas an einem. Hinter einer Personenkarte bedeutet sie, der Kummer oder das Glück wird aufgefressen!

Einzelbedeutung: In Blickrichtung der *Maus*, Verlust von... siehe Folgekarte. Ansonsten Abfall, Müll, Sorgen.

Körperlich: Verdauung und Magen.

Aussage: Verlust droht, Zeitverlust, es findet nicht statt. Eine (Schiffs-) Reise wird nicht angetreten.

24. Das Herz

In erster Linie steht die Karte für die Liebe. Je nach Lage der Karten auch für sexuelles Verhalten. Ebenfalls je nach Lage, wohin man sich liebesmäßig orientiert oder was verloren wurde.

Einzelbedeutung: Hilfsbereitschaft, sehr zugetan sein, erfreulicher Besuch.

Körperlich: Blutkreislauf, Herz, Blut.

Aussage: Weitermachen, es geht gut aus, du erreichst, was du dir gewünscht hast.

25. Der Ring (Karmische Karte)

In erster Linie steht diese Karte für Ehe und Partnerschaft.

Liegt sie vor der Personenkarte, ist sie geschieden oder getrennt, liegt sie dahinter, kommt es zu einer Partnerschaft. Auch steht sie für Verträge.

Einzelbedeutung: Verbindung, Verpflichtung, Kreis als solcher, Ring oder Gold.

Körperlich: Blutkreislauf.

Aussage: Verbindung mit ... siehe nächste Karte.

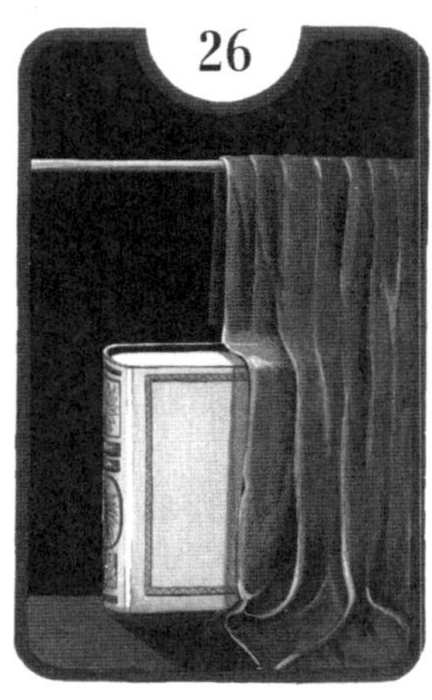

26. Das Buch (Karmische Karte)

Diese Karte steht für Wissen und für Geheimnisse.

Die umliegenden Karten zeigen, was man nicht bekannt geben will oder noch nicht weiß. In Verbindung mit einer Personenkarte ist man familiär verbunden.

Einzelbedeutung: Das Unbewusste im Menschen, ein Geheimnis, etwas Verschlossenes, Schriftsteller oder Bücher.

Aussage: Noch nicht spruchreif.

27. Der Brief

Diese Karte steht für schriftliche Kontakte. Je nach Lage erkennt man, wo die Nachricht herkommt. Sie steht auch für kleine Erfolge. Arbeitsverträge mit *Turm* oder *Anker*, Krankschreibung mit *Sarg*!

Einzelbedeutung: Brief, Telefonat, Korrespondenz jeglicher Art.

Körperlich: Hände.

Aussage: Oberflächlich.

Zeitangabe: In kürzester Zeit.

28. Der Herzensmann (Personenkarte)

Legt man für einen Mann, ist diese Karte für ihn zutreffend.

Die umliegenden Karten geben Auskunft über den Charakter dieses Menschen: Siehe dazu Eigenschaften.

Einzelbedeutung: Männlicher Fragesteller oder Ehemann einer weiblichen Fragestellerin.

Aussage: Sich in den Vordergrund stellen.

29. Die Herzensfrau (Personenkarte)

Legt man für eine Frau, ist diese Karte für sie zutreffend.

Die umliegenden Karten geben Auskunft über den Charakter dieses Menschen: Siehe dazu Eigenschaften.

Einzelbedeutung: Weibliche Fragestellerin oder Ehefrau eines männlichen Fragestellers.

Aussage: Sich in den Vordergrund stellen.

30. Die Lilie

Diese Karte steht für Familie, Anregung, Sexualität. In Verbindung mit *Fuchs* bedeutet die *Lilie* Seitensprung mit einem Liebhaber.

Einzelbedeutung: Familie, Sexualität, Frieden und Harmonie, Ausgeglichenheit.

Körperlich: Geschlechtsorgane.

Aussage: Harmonie und Sexuelle Erfüllung.

31. Die Sonne

Diese Karte steht für Erfolg, Sommer und Hitze; mit *Sarg* für Krankheit.

Einzelbedeutung: Kreativität, Kraft, Wille, Lichtmaschine beim Auto, Wärme, Geist und Energie, Explosion.

Körperlich: Das Augenlicht.

Aussage: Gute Karte, energiereich.

Zeitangabe: Sonnenaufgang bis Mittag.

32. Der Mond

Diese Karte steht für Gefühl und Anerkennung. Sie steht auch für Abend und Nacht. Je nach Lage auch für das Gefühlsleben.

Einzelbedeutung: Sensitivität, zartes Nervenkostüm, Gefühle.

Körperlich: Die Psyche; die Seele.

Aussage: Auf Gefühle Rücksicht nehmen.

33. Der Schlüssel

Diese Karte ist eine Ausführungskarte. Wo der Schlüssel steht, deutet man immer, es kommt auf jeden Fall; schwer abwendbar; es fällt einem in den Schoß.

Einzelbedeutung: Mit Sicherheit.

Aussage: Auf jeden Fall.

34. Die Fische

Diese Karte steht für Geld und Finanzen; für den Lebensunterhalt. Bei der Frage nach Ehe und Partnerschaft stehen die *Fische* für Gefühle!

Einzelbedeutung: Geld; materieller Wert, Besitz, Hang zum Wasser, kleine Flüsse, Regen, Alkohol, seelische Belange.

Körperlich: Blase, Nieren.

Aussage: Finanzielle Seite genau überprüfen; Gefühle kontrollieren.

35. Der Anker

Diese Karte steht für den eigenen Arbeitsplatz; tiefe Gefühle; Länge und Weite; stabile Verbindung.

Einzelbedeutung: Beruf, Organisation, Schule, Verkettung, festhalten, Eisen.

Körperlich: Hüften, Steißbein, Schenkel.

Aussage: Die beruflichen Interessen in den Vordergrund rücken; lerne loszulassen.

36. Das Kreuz (Karmische Karte)

Diese Karte steht für Kirche und Glauben. In erster Linie steht sie für die Zukunft.

Einzelbedeutung: *Darüber*: Karmisch bedingt; das Schicksal.

Davor: Verstärkt das Nachfolgende.

Dahinter: Löst sich nach und nach auf.

Aussage: Das ist dein Schicksal; karmische und kosmische Vorherbestimmung!

Charaktereigenschaften

Die Karten um die Personenkarte herum geben Auskunft über den Charakter des Menschen, für den Sie die Karten legen.

Personenkarte plus...

...Anker	= scheut keine Arbeit
...Bär	= dominant, vertrauenswürdig
...Baum	= ruhig
...Berg	= gehemmt und frustriert
...Brief	= Oberflächlich, aber auch großzügig
...Buch	= verschwiegen
...Fische	= gefühlvoll, reich – je nach Karten
...Fuchs	= gebraucht Ausreden und lügt
...Haus	= vertrauenswürdig
...Herz	= sehr liebesfähig
...Hund	= kameradschaftlich
...Kind	= naiv, oft kindisch
...Klee	= kann sich über alles freuen
...Klee	= charmant, liebenswürdig
...Kreuz	= Auflösung eines Problems
...Lilie	= schätzt die Harmonie sehr, Familienmensch
...Mäuse	= gewinnt ihr Selbstbewusstsein zurück
...Mond	= empfindsam, nervös
...Park	= setzt sich gerne in Szene, gesellig
...Reiter	= lebhaft, viel unterwegs
...Ring	= fühlt sich gebunden
...Ruten	= redegewandt
...Sarg	= entzieht anderen die Kraft oder ist krank
...Schiff	= ist mit der Lebenssituation unzufrieden
...Schlange	= intelligent
...Schlüssel	= geht auf Sicherheit
...Sense	= jähzornig
...Sonne	= energisch, kreativ, hat Ausstrahlung
...Sterne	= hat einen guten Schutzengel
...Störche	= anpassungsfähig bis labil
...Turm	= beruflich selbständig
...Vögel	= schnell aufgeregt
...Wege	= geht den Weg des geringsten Widerstandes
...Wolke dunkle Seite	= etwas sehr Bedrückendes
...Wolke helle Seite	= depressiv, kann nichts Negatives vertragen

Esoterische Karten

Sarg, Mond, Sterne, Sonne, Fische

Legebeispiele:

Zuerst mischt man die Karten, es ist der Beginn des großen Spiels. Die Gedanken müssen gesammelt werden und man muss sich auf das, was man wissen will, einstimmen.

Mischen Sie die Karten so lange, bis sie sich warm anfühlen! Nun können Sie sich ein Kartenlege-System aussuchen:

- Eine Tageskarte
- Die große Tafel
- Das Keltische Kreuz
- Besondere Legetechniken

Die Tageskarte

Diese Legung ist die einfachste Legung, um mit dem Kartenlegen zu beginnen.

Legen Sie zwei Karten aus dem Kartendeck heraus und beginnen Sie anhand der Kartenmehrfachdeutung die zwei Karten zu deuten!

Sie werden sehen, dies ist ganz einfach!

Diese Legung kann auch dazu verwendet werden, um einfache Fragen zu beantworten, z. B.: Liebt er mich?, Wie wird mein Arbeitstag?, Wie soll ich mich für ein Problem entscheiden?, Soll ich die Wohnung kündigen? usw.

Wenn Sie dies ein paar mal geübt haben, können Sie mit der großen Tafel das große Spiel beginnen:

Die große Tafel

1	2	3	4	5	6	7	8
9	10	11	12	13	14	15	16
17	18	19	20	21	22	23	24
25	26	27	28	29	30	31	32
		33	34	35	36		

Da bei der großen Tafel alle Karten zum Einsatz kommen, kann man sehr gut auf alle Fragen eine Antwort geben. Das gilt besonders für das erste Mal. Je kürzer die Zeitabstände des Kartenlegens sind, desto weniger ist zu einer mehrmals gestellten Frage aus den Karten zu ersehen.

Man legt vier Reihen zu je 8 Karten, die letzten 4 bilden die fünfte Reihe in der Mitte.

Wenn die große Tafel gelegt ist, muss als erstes die eigene Personenkarte herausgesucht werden. Bei einer Frau ist dies die weibliche PK, bei einem Mann die männliche PK. Die die PK umliegenden Karten sagen viel über den Charakter der Person, für die man legt, aus. Nun kann anhand der Doppelbedeutung (s. entsprechenden Abschnitt weiter unten) das Kartenbild gedeutet und das Schicksal vorhergesagt werden.

Die 4 Eckkarten (1,8,25,32) beherrschen dein Leben und die 4 Mittelkarten (33-36) bestimmen dein Leben. (Ein Mensch kann das Leben eines Anderen beherrschen. Eine Lebenssituation bestimmt ein Leben.) Sie zeigen an, welche Lebenssituationen dich in der Gegenwart am meisten beschäftigen.

Deutungshinweise

Arbeitskollegen: Die PK, die um den *Anker* oder *Turm* liegen. Das können sein: *Fuchs*, *Bär*, *Blumen*, *Schlange* usw.

Beruf: Die Karten, die um den *Anker* oder *Turm* liegen.

Chef: Das ist der *Berg*, wenn man sich nicht mit dem Chef versteht, der *Bär*, wenn man ein gutes Verhältnis zu seinem Vorgesetzten hat.

Eigenschaften: Die Karten um die PK.

Esoterik: *Sarg*, *Mond*, *Sterne*, *Sonne* und *Fische*. Liegen um eine PK esoterische Karten, so erkennt man, hat der Fragesteller eine Mutter, eine Schwester ein Kind oder einen Liebhaber usw.

Freunde: Die Karten *Hund*, *Bär*, *Blumen* oder *Schlange*.

Gedanken: *Reiter*.

Finanzen: Für die Finanzen stehen die *Fische*.

Wohnung: Das *Haus*.

Kind: *Kind* und *Hund*.

Mutter: Die Karten, die zwischen *Schlange* und *Turm* liegen.

Partnerschaft: *Ring*.

Neue Liebe: *Lilie*, *Herz*.

Tod: Der Tod wird immer verschlüsselt mitgeteilt.

Verstärker: *Sarg*, *Kreuz*, *Sense*, *schwarze Wolke*.

Diese Karten verstärken die positive oder negative Deutung.

Das Keltische Kreuz

<table>
<tr><td></td><td></td><td></td><td>10</td></tr>
<tr><td></td><td>3</td><td></td><td>9</td></tr>
<tr><td>5</td><td>1+2</td><td>6</td><td>8</td></tr>
<tr><td></td><td>4</td><td></td><td>7</td></tr>
</table>

Dieses Legesystem ist eines der ältesten und beliebtesten. Hier kann man auf die einzelnen Probleme gezielt eingehen und sie genauestens hinterfragen. Durch die Möglichkeit der Querverbindungen kann man sehr gründlich Auskunft über verschiedenste Lebenssituation geben.

Entsprechend der obigen Aufzeichnung beginnt man nach dem Mischen der Karten sie in der Reihenfolge von 1 bis 10 zu legen.

Bedeutungen bei der Legung des keltischen Kreuzes

Was das Problem ausgelöst hat.

Das steht im Zusammenhang mit dem Problem und stellt das Hindernis dar.

Das geht mir im Kopf herum.

Das trete ich mit Füßen.

Das kommt aus der Vergangenheit und betrifft das Problem.

Dies bringt mir die Zukunft.

Darauf baue ich.

So denkt meine Umgebung.

Dies erhoffe ich mir.

Das ist das Ziel, das werde ich erreichen.

Querdeutung

5, 2, 6, 8	Diese Karten betreffen die Zeit.
3, 9	Das beschäftigt dich im Zusammenhang mit der Frage.
4, 7	Das kannst du beeinflussen.
4, 6, 9	Das kann nicht verändert werden.
3, 6, 7	Mach dir darüber Gedanken!
7, 8 ,9 ,10	Hier kannst du das Schicksal ändern.

Spezielle Legetechnik

Es werden 5 Signatur-Karten nebeneinander ausgelegt. Diese Karten werden vom Kartenleger je nach Thema und Fragestellung mit Bedacht ausgesucht. Für den Fragesteller ist es entweder die männliche- oder weibliche Personenkarte, für den Chef der Bär oder Berg, für die Arbeitskollegin die Schlange, für eine Nachricht der Brief usw. Die erste Karte betrifft den Fragesteller, die zweite Karte das Verborgene, die dritte Karte das Problem und die vierte und fünfte Karte das Ergebnis, dass man erreichen wird. Dann werden die restlichen Karten gemischt und es werden weitere 5 Karten per Zufall unter die Signatur-Karten gelegt. Nun kann die Fragestellung gedeutet werden. Gedeutet werden nur die per Zufall gelegten Karten, da die Signatur-Karten ja nur die Frage symbolisieren. Die beiden letzten Karten stellen zusammen das Ergebnis, das erreicht wird dar.

Ein Beispiel - Der Fragesteller wünscht nähere Angaben über seine Arbeitsplatz:

Für den Fragesteller wird die männliche PK, für das Verborgene die Wolke, für den Chef der Bär und für den Arbeitsplatz der Anker und die Fische als Signatur-Karten gewählt. Die Signatur-Karten stellen immer den Bezug zu der Frage dar.

Karte 1	Karte 2	Karte 3	Karte 4	Karte 5
PK	Wolke	Bär	Anker	Fische

Deutungsbeispiele zu den am meisten gestellten Fragen:

Liebt mich mein Partner noch?

PK	Wolke	PK	Ring	Schlüssel*[1]
Heim	Anker	Schlange	Turm	Reiter

Deutung:

Die Fragestellerin liebt ihr Zuhause und möchte mit ihrem Mann eine glückliche und stabile Ehe führen. Der Lebenspartner hat eine andere Frau im Kopf und denkt bereits an Trennung.

PK	Wolke	PK	Ring	Schlüssel*
Heim	Anker	Schlange	Herz	Fische

Deutung: Stabile liebevolle Verbindung

Werde ich mich nochmals so richtig verlieben?

PK	Wolke	PK oder Bär	Ring	Fische*
Anker	Ring	Berg	Sarg	Maus

Deutung: Eine neue Liebe ist nicht in Sicht.

PK	Wolke	PK oder Bär	Ring	Fische*
Ring	Schiff	Hund	Herz	Blume

Deutung: Die große Liebe wird dir bald begegnen.

Nach diesem Legemuster kann jede beliebige Frage beantwortet werden. Für den Beruf wählt man als Signatur den *Turm*, für die Finanzen die *Fische*, für einen Freund den *Hund*, für die Kinder das *Kind* oder für große Kinder den *Hund* und für die Eltern den *Bär* und die *Schlange*.

---

1 * = Signaturkarten.

Unsere vorherigen Leben in den Karten

Die Menschen streben nicht nur danach, ihren Wissensdurst für die Zukunft zu stillen. Die meisten wollen auch sehen: *Was war ich einmal, was bin ich heute?* Darüber geben dir die Karten Auskunft. Denn die Karten sind der Spiegel, die Augen der Seele. Und wer wenn nicht die Seele kann genauer sagen, wo und wann man einmal was war?! Vertrauen Sie den Augen Ihrer Seele und beginnen Sie die Vergangenheit zu sehen.

Die Seele ist ein Orakel des Universums. Suchen Sie es und Sie werden sich selbst bis aufs Kleinste ergründen.

Kartenlegen ist der große Segen, den Gott der Menschheit geschenkt hat. Die Mystik der Karten und die Unendlichkeit des Universums hat Gott uns gegeben. Es ermöglicht uns unser Schicksal mitzubestimmen.

Schicksal ist Charakter, Schicksal ist ein Mysterium des Geistes und der Seele und des Blutes. Hat der Mensch einen starken und reinen Charakter, einen starken und reinen Geist, eine göttliche Seele und reines Blut, dann formt er sich auch ein reines und gutes Schicksal in jedem Leben.

Wenn Sie nun bereit sind, beginnen Sie, Ihre Vergangenheit zu ergründen.

Es werden 12 Karten ausgelegt. In der Mitte wird immer die Karte *Kreuz* gelegt. Es ist der Signifikator, hier als das Karmakreuz.

			10			
		2	**3**	**4**		
9	**1**		**Kreuz**		**5**	**11**
		8	**7**	**6**		
			12			

Schauen Sie sich zunächst die Karte 10 an, dies ist die Hauptkarte, von der dieses Vorleben beherrscht wurde. Meistens sagt diese Karte etwas über das Geschlecht aus.

Die Karten 2,3 und 4 geben Auskunft über den Landstrich, in dem man gelebt hat. Die Mittelkarte 3 soll die Hauptaussage machen, die Karten 2 und 4 ergänzen, und zwar in dieser Reihenfolge.

Die Karten 9,1,5 und 11 sagen aus, wie man damals gelebt hat. Wir lesen in dieser Reihe die Karten ihrer Bedeutung nach und zusammenfassend.

Karte	**Land**	**Ihr Leben**
Anker	Hafenstadt	viel gearbeitet
Bär	Russland	Jäger
Baum	Waldgebiet	Baumfäller
Berg	Gebirge	hartes Leben
Blumen	Südamerika	Kräuterfrau
Brief	in freier Reichsstadt	Handwerksmeister
Buch	Indien	Gelehrter
Dame	der Wunsch zu leben	Hausfrau
Fische	Küstengebiet	Seefahrer
Fuchs	Japan, China	Fallensteller
Haus	In der näheren Umgebung	Besitz eines Hauses
Herr	dein Wunschland	sehr angesehen
Herz	europäisches Mittelgebirge	erfüllte Liebe
Hund	Ungarn, Rumänien	Grundbesitzer
Kind	kurze Zeit	viele Kinder
Klee	für kurze Zeit	vom Glück begleitet
Kreuz	Italien	Kreuzritter
Lilie	Skandinavien	Hetäre
Maus	in der Einsamkeit	in Armut
Mond	Türkei, Persien	Hexe
Park	Amerika, Indianer	Schlossbesitz
Reiter	nordische Inseln	Gutshof
Ring	die jetzige Umgebung	Wohlstand, verheiratet
Ruten	östlicher Bereich	Hexe
Sarg	Afrika	gewaltsamer Tod
Schiff	Küste, Meer, See	viel unterwegs
Schlange	Landstraße	Heilberuf
Schlüssel	Australien, Karibik	gewaltsamer Tod
Sense	Landwirtschaft	gewaltsamer Tod
Sonne	Wüstengebiet	hohes Ansehen
Sterne	Südamerika	Priester/in
Storch	Flachland	Hebamme
Turm	im Gebirge, Asien	hohe Position
Vögel	romantisches Land	bewegtes Leben
Wege	Ägypten	Sklave, Diener
Wolke	Nebel, Moor, Norden	Armut

Die Doppelbedeutungen der Karten

Nachdem wir nun alle einzelnen Karten in ihrer Einzelbedeutung sowie verschiedene Legemöglichkeiten kennen gelernt haben, können wir uns nun die wichtigen Doppelbedeutungen der verschiedenen Karten anschauen. Das große Kartenbild kann ja nur in Verbindung mit den Doppel- und Mehrfachbedeutungen gedeutet werden: Die Kartenverbindungen, die sie in der Tabelle nicht finden, sind ohne Bedeutung. Beispiel zu der Doppel- und Mehrfachdeutung:

Karte 1	**Karte 2**	**Karte 3**	**Karte 4**	**Deutung**
Reiter	Blumen			Geschenk
Reiter	Herz	Brief		Liebesantrag
Schiff	Sense	Rute	Schlange	fährt mit der U-Bahn

Tabelle 1	Karte 1:	Reiter		
Karte 2:	Karte 3			Erläuterung
Blumen				Geschenk, Ankunft von Besuch
Fisch				Geldüberweisung; wichtige Dokumente
Herz				lieber Besuch
Herz	Brief			Liebesantrag
Herz	Rute			Liebesantrag
Kind				Neuigkeiten
Park				Einladung zu einer großen Gesellschaft
Ring				Gedanken an eine Verbindung
Rute				Verbindung zu jemandem in der Ferne
Sonne				Gedankenenergie aussenden
Turm				einsame Gedanken an Trennung
Turm			davor:	Arroganz
Vögel				Ärger kommt auf dich zu
Wolke			Dunkel:	negative Gedanken, ernste Nachricht
Wolke			Hell:	du gewinnst an Durchblick

Tabelle 2	Karte 1:	Klee		
Karte 2:	Karte 3			Erläuterung
Blumen				Freunde
Maus				Ärger und Kummer
Sarg	Kreuz			Bestimmte Lebenssituation geht zu Ende
Wege				3-5 Wochen

Tabelle 3	Karte 1:	Schiff		
Karte 2:	Karte 3	Karte 4		Erläuterung
Baum				Reise lässt auf sich warten
Brief				Nachricht aus der Ferne
Fische				Geld im Anmarsch
Fuchs				der falsche Zeitpunkt zum Verreisen
Kreuz			darüber:	Am Zielort ist etwas zu erledigen
Kreuz			davor:	wichtige Reise
Kreuz			dahinter:	keine Rückkehr
Maus	PK			Die Reise findet nicht statt
PK	Haus	Schiff		eine Reise vor sich haben
PK	Schiff	Haus		Reise führt nach Hause
Sarg				Die Seele ist erkrankt
Sense			dahinter:	Reise mit dem Flugzeug oder Auto
Sense			davor:	Warnung vor dieser Reise
Sense	Ruten			Reise mit dem Zug
Sense	Ruten	Schlange		Fahrt mit der U- oder S-Bahn
Vögel				sorgenvolle Reise
Wolke			dunkle Seite:	Reise mit Verlusten und Ärger
Wolke			helle Seite:	ungewisser Erfolg

Tabelle 4	Karte 1:	Haus		
Karte 2:	Karte 3	Karte 4		Erläuterung
Baum				Dort wird man lange leben
Blumen				gemütliches Haus
Brief	Lilie			glückliche Nachricht
Fische				geregelte Finanzen
Fische			darunter:	Haus steht auf Wasserader
Fuchs				Das ist nicht das richtige Haus
Herz				möchte nicht fort, liebt sein Zuhause
Lilie	Anker			Familienbetrieb
Park				Wohnanlage
Ruten			darüber:	2 Häsuer; 2 Wohnungen
Ruten	Fuchs			1 Hauptwohnsitz, 1 Ferienwohnung
Ruten			davor:	laufend Ärger durch Mitbewohner
Ruten			dahinter	gute Kommunikation
Sarg				Der Körper wurde über die Seele krank
Sense			davor:	Mietkündigung
Sense		Reiter	Wolke	Zwangsräumung
Sense			darüber:	Schulden auf dem Haus
Sense		Fuchs		Haus wird bewacht

Tabelle 4	Karte 1:	Haus		
Karte 2:	Karte 3			Erläuterung
Sterne				gesunder Körper
Sterne				Dieses Haus solltest du dir erhalten
Turm	PK			fern der Heimat
Vögel				Ärger und Schwierigkeiten mit dem Haus
Wolke			dunkle Seite:	Erdstrahlung; kranker Körper
Wolke			helle Seite:	Körper besser pflegen

Tabelle 5	Karte 1:	Baum		
Karte 2:	Karte 3	Karte 4		Erläuterung
Anker				Lebensstellung
Bär				starke Persönlichkeit
Berg				hindernisreiches Leben
Dame			darüber:	träger Mensch
Dame	Baum	Herr		jeder geht seinen eigenen Weg
Fuchs			davor:	in der Gegenwart
Fuchs			danach:	in der Vergangenheit
Lilie				Familie bedeutet viel
Lilie				von positiven Kräften umgeben
Maus				Ende eines Abschnitts
Maus				Arzt aufsuchen
Park				schicksalsbestimmt
Park	Baum	Herz		Beruf beratend und helfend
Ring				vorbestimmte Lebensbindung
Ring	Sterne			vorbestimmte Lebensbindung, die hält
Ruten				trägt eine Maske
Ruten				rhetorische Begabung
Schlange				sucht Befreiung aus Zwängen
Sterne	Bär			Lehrer, Guru
Turm				*in Nähe des* Baumes*:* hohes Alter
Turm				je näher umso älter
Vögel				nicht belastbar
Wolke			hell	nicht der richtige Durchblick

Tabelle 6	Karte 1:	Wolke		
Karte 2:	Karte 3			Erläuterung
Baum	Maus		helle Seite:	Durchblick verlieren
Berg				Blockade unbestimmten Ursprungs
Brief				Jemand spielt eine negative Rolle
Dame				nichts Negatives vertragen
Fische				Geld kommt noch
Fische				Seelische Sache erfüllt sich
Fuchs				Du kommst an den Menschen nicht heran
Haus				Erdstrahlung
Herr				Vorsicht bei jeder Aussage
Hund				gute Freundschaft trotz Problemen
Kind				Wunsch nach einem Kind
Kreuz				Krebsverdacht
Lilie				Unklarheiten in der Familie
Lilie	Dame			Unklarheiten wegen der Familie
Mond				ehrliche Medialität
Park				Gesellschaft, die dich weiter bringt
Ring				Unklarheit in der Verbindung
Ruten				Verhandlung ohne Ergebnis

Tabelle 6	Karte 1:	Wolke		
Karte 2:	Karte 3	Karte 4		Erläuterung
Sarg	Herz		helle Seite:	Liebeskummer
Sarg				vorübergehende Schwächung
Sarg	Sense	Lilie		Zuhälterei
Sarg	Sterne			negative Gedanken
Sense	Bube			Verhandlung ohne Ergebnis
Sterne				Suchtgefahr
Sterne	Sarg			Umgang mit gefährlichen Kräften
Störche				Unglück bringt Veränderung
Turm				Gefängnis (muss nicht Haft sein)
Turm	Dame			Selbst gemachtes Gefängnis
Turm	Dame	Berg		verlässt das Haus nicht mehr
Vögel				Tratscherei
Weg				Unsicherheit in der Entscheidung

Tabelle 7	Karte 1:	Schlange		
Karte 2:	Karte 3			Erläuterung
Anker				Verkettung, sich nicht voneinander lösen
Bär				älteres Ehepaar
Baum			darüber:	berechtigter Stolz
Baum			daneben:	ernst zu nehmende Freundschaft
Blumen				kleine Damengesellschaft
Brief				Nachricht über Umwege
Brief	Sterne			Kartenlegerin
Buch			davor:	gibt nicht alles preis
Buch			dahinter:	verschwiegen
Fuchs				neidische Person
Herz				erfreulicher Damenbesuch
Hund				befreundetes Ehepaar
Kreuz				Ende einer verräterischen Beziehung
Mond				Zu viel Gefühl wird hier verschwendet
Park				sich öffnen
Reiter				Gedanken an eine Frau

Tabelle 7	Karte 1:	Schlange		
Karte 2:	Karte 3			Erläuterung
Ring				Verkettung, die kaum zu lösen ist
Ruten				redegewandt
Sarg				mediale Frau
Schiff				Reise mit Umwegen
Sense			dahinter:	taucht plötzlich auf
Sense			davor:	gefährliche Frau
Sonne	Sarg			Schwarze Magie
Sterne				Astrologie
Turm			dazwischen:	alles, was die Mutter betrifft
Wolke			helle Seite:	undurchschaubar
Wolke			dunkle Seite:	kriminelle Veranlagung

Tabelle 8	Karte 1:	Sarg		
Karte 2:	Karte 3			Erläuterung
Blumen				Eine Sache ist nicht in Ordnung
Brief				Krankschreibung
Fisch				Geldverlust
Fuchs				begriffsstutzig
Herz				Liebeskummer
Hund				Ein Freund braucht dich
Kind				krankes Kind
Kreuz				Leid löst sich auf
Kreuz	Sarg			Kummer bleibt
Lilie				Krankheiten, seelische Störungen
Lilie		darunter	Sarg	Geschlechtskrankheiten
Lilie	Herz			Kontakt zu Aidskranken
Maus				doppelter Verlust
Mond				starke Depressionen
Mond	Wolke			Verhaltensgestört
Park				Krankenhaus

Tabelle 8	Karte 1:	Sarg		
Karte 2:	Karte 3			Erläuterung
Blumen				Eine Sache ist nicht in Ordnung
Park	Anker			Krankenhaus, stationär
PK			im Rücken:	nimmt anderen die Kraft weg
Ring				Witwenschaft, Scheidung, Schlussstrich
Ruten				Unsicherheit
Sonne				kosmische Kraft
Sterne				Der Erfolg wird sich einstellen
Turm				Anstalt
Turm	Anker			stationärer Aufenthalt in Anstalt
Vögel				Überreiztheit
Wege				Entscheidung überdenken

Tabelle 9	Karte 1:	Blume		
Karte 2:				Erläuterung
Berg				Auf eine Freude musst du noch warten
Brief				erfreuliche Nachricht
Fische				materiell wertvolles Geschenk
Fuchs				Tratsch oder falscher Name
Herz				erfreulicher Besuch
Hund				Freundschaft
Lilie				Familientreffen
Park				Ausstellung
Ring				Verlobung
Ruten				höfliche Gespräche
Sense			dahinter:	Geschenk als erfreuliche Überraschung
Sense			davor:	Bei dem Geschenk gibt es einen Haken
Turm			waagrecht:	Drogist
Turm			senkrecht:	Heilpraktiker

Tabelle 10	Karte 1:	Sense		
Karte 2:	Karte 3			Erläuterung
Berg				Hindernisse und Gefahren
Brief				ernst zu nehmende Nachricht
Fuchs				Falschheit
Hund				gefährliche Freundschaft
King				Vorsicht bei Einladungen
Kind				Gefahr für ein Kind
Kreuz	Fisch			Erbschaft
Lilie				Gefahr in der Familie
Lilie			darüber	Vergewaltigung
Maus				gefahrvolle Situation
Mond				Depressionen
Park				Diese Gesellschaft bringt Gefahr
PK				Neigung zu Aggressivität
PK				Neigung zur Brutalität
Ruten				scharfe Gespräche
Ruten	Sarg			Schlägerei

Tabelle 10	Karte 1:	Sense		
Karte 2:	Karte 3	Karte 4		Erläuterung
Sonne				Strom
Sterne				Gefahr auf der Astralebene
Vögel				aggressive Gespräche
Wolke			hell:	unerwartet und gefährlich
Wolke			dunkel:	verstärkt die Gefahr
Wolke	Lilie	Vögel	Hund	Vergewaltigung
Wolke	Hund			Mobbing eines Freundes
Wolke	Berg			Mobbing des Vorgesetzten
Wolke	Anker			Mobbing am Arbeitsplatz

Tabelle 11	Karte 1:	Ruten		
Karte 2:	Karte 3			Erläuterung
Bär				Anwalt
Bär	Turm			Hoch gestellte Persönlichkeit
Berg				Das Gespräch kommt nicht zustande
Fuchs				aneinander vorbei reden
Herz				Probleme oder Streit in der Liebe
Kind				kurze Gespräche
Maus				Das Gespräch kommt nicht zustande
Mond				gefühlvolle Gespräche
Sonne				erfolgreiche Gespräche
Sterne				spirituelle Gespräche
Turm				Gerichtssache
Vögel				aggressives Gespräch

Tabelle 12	Karte 1:	Vögel		
Karte 2:	Karte 3	Karte 4	Karte 5	Erläuterung
Berg				Hindernis
Fuchs				Klatsch und Tratsch
Herz				Herzklopfen
Hund				Sorgen wegen eines Freundes
Kind	Vögel	Wege	Maus	3 Kinder
Kind		wenn	kinderlos:	Bagatellsorgen
Kind				Sorgen um ein Kind
Maus				Sorgen verschwinden
Mond				Gemütsschwankungen
Park				Aufregung in der Öffentlichkeit, Behörde
Ring				Aufregung in der Verbindung
Sterne				in Gedanken versunken
Wege				Suche einen Ausweg, es lohnt sich!

Tabelle 13	Karte 1:	Kind		
Karte 2:	Karte 3			Erläuterung
Berg				Verzicht wegen eines Kindes
Berg				Es geht nicht weiter
Blume				Charme
Fische				Kleingeld oder kleine Erfolge
Fuchs				Hinterlist
Herz				kleine Freude
Maus				Ein Kind geht fort (kein Todesfall)
Mond				kindliches Gemüt
Park				Kindergarten
Ring				neue Verbindung
Sarg	Maus			Exitus

Tabelle 14	Karte 1:	Fuchs		
Karte 2:	Karte 3			Erläuterung
Anker				falscher Beruf
Berg				Schwierigkeiten
Fische				sieht der Fuchs in die Fische: Vorsicht Geldverlust
Fische				Geldbetrug
Hund				Mann in dienender Stellung
Hund				ein falscher Freund
Maus				blickt auf den Fuchs: Ehrlichkeit
Mond				falsche innere Einstellung
Ring				falsche Verbindung/Vertrag
Sarg				begriffsstutzig
Sense	Wolke			Sitzung abbrechen
Sonne				sieht der Fuchs in die Sonne: Falschheit
				verstellt sich
Sterne				sieht der Fuchs in die Sterne: besonders schlau
				besonders schlau
Turm			dazwischen:	betreff der ungeliebten Schwiegermutter
Wege				der falsche Weg

Tabelle 15	Karte 1:	Bär		
Karte 2:	Karte 3			Erläuterung
Fuchs				Pelz, Felle
Herz				leidenschaftliche Liebe
Ruten				Anwalt
Sterne				Glücksphase
Turm			dazwischen:	Alles, was den Vater betrifft
Turm	Lilie			starke Leidenschaft
Turm	Sterne			körperliche Harmonie

Tabelle 16	Karte 1:	Sterne		
Karte 2:	Karte 3			Erläuterung
Bär				Glückspilz
Bär	Baum			esoterischer Lehrer
Berg			davor:	Vergesslichkeit
Blumen				Hellsichtigkeit
Brief				Medium für Kartenlegen
Fische				Zufluss von Geld in Tausendergröße
Fische	Mond			Zehntausendergröße
Herz				erfüllte Liebe
Kreuz			dahinter:	Du erfüllst das Karma deines Vorlebens
Kreuz			davor:	Karma deines Vorlebens ist erfüllt
Lilie				Liebesfreuden
Mond				Politik
Mond	Sonne			hohe Medialität
Park				Haus mit künstlerischen Ambitionen
Ring				Glückspilz
Ruten				Begabung zum Rutengehen
Sonne				telepathische Sendefähigkeit
Wolke			hell	Gebrauch von Rauschgiften
Wolke	Sarg		hell	schwarze Gedanken
Wolke	Sarg		dunkel	Schwarze Magie

Tabelle 17	Karte 1:	Storch		
Karte 2:	Karte 3	Karte 4		Erläuterung
Fuchs		davor		Völlig neue Veränderung wäre falsch
Kind		dahinter		Veränderung bringt ein Kind/Neuanfang
Kind	Lilie			Schwangerschaft
Kind	Lilie	Fuchs		noch keine Schwangerschaft
Lilie	Sense			Schwangerschaftsabbruch
Reiter				Gedanken können Änderungen bewirken
Reiter	Fisch			materielle Vorteile
Reiter	Fisch	Anker		Veränderung bringt neue Arbeitsstelle
Ring			vor dem Bild:	Veränderung bringt Verbindung
Ring			nach d. Bild:	Verbindung bringt Veränderung
Sarg				Veränderung ist nicht gut genug durchdacht
Schiff	Haus			Umzug
Sonne				Veränderung wirkt sich positiv aus
Sterne				Erfolg durch Veränderung
Sterne		dahinter		Veränderung bringt Erfolg
Storch		vor dem	Bild	Erst die Veränderung bewirkt das Ergebnis
Storch		nach dem	Bild	was zur Veränderung führt
Turm				Gerichsstrafe

Tabelle 17	Karte 1:	Storch		
Karte 2:	Karte 3			Erläuterung
Vögel				Schwierigkeiten bei der Veränderung
Wege				Veränderung innerhalb der nächsten 7 Wochen
Wolke			dunkle Seite:	Veränderung sollte besser nicht sein
Wolke			helle Seite:	vorerst keine Veränderung
Wolke	Turm			Gericht

Tabelle 18	Karte 1:	Hund		
Karte 2:				Erläuterung
Anker				Dauerarbeitsplatz
Baum				Freundschaft fürs Leben
Berg			davor:	Freundschaft nimmt Freiheit
Berg				Freundschaft kommt nicht zustande
Herz				aufrichtige Freundschaft
Kreuz				Ende einer Freundschaft
Lilie				freundschaftliche Beziehung
Maus				Ende einer Freundschaft
Turm				ohne Kontakt

Tabelle 19	Karte 1:	Turm		
Karte 2:	Karte 3	Karte4	Karte 5	Erläuterung
Anker				Arbeitsamt
Berg				Sturheit
Berg	Sense			blind in etwas verrannt sein
Blume			daneben:	Drogist
Blume			senkrecht:	Apotheker
Herz				ohne Freude, niemand liebt mich
Kreuz				Einsamkeit löst sich auf
Mond	Sterne			Gefühlsarmut
Park				Hotel
Park			untereinander	Hochhaus
PK	Turm	PK	Bär	Trennung
Reiter				arrogante Person
Ring				Scheidung
Ruten				Gericht als Gebäude
Sarg				Anstalt
Schlange			dazwischen:	lebende Mutter
Sterne			senkrecht:	Arzt
Sterne			dazu Sonne:	viel innere Kraft
Turm			In Baum-Nähe	hohes Alter

Tabelle 20	Karte 1:	Park		
Karte 2:	Karte 3	Karte 4		Erläuterung
Berg				Hemmungen
Brief				Einladung zu einer großen Veranstaltung
Herz				Hilfsbereitschaft
Lilie				Bordell
Lilie				Familientag, Friedensversammlung
Maus				meidet die Öffentlichkeit
Ring				Hochzeit
Ruten	Brief			Vortrag, öffentliche Veranstaltung
Sarg				Krankenhaus
Sarg	Anker			Krankenhaus stationär
Sonne	Mond	Sterne	Park	Regierungskreise
Sonne	Mond	darunter:	Park	Diplomatenkreise
Sterne	Sonne	darunter:	Park	gehobene Kreise
Storch				Veranstaltung bringt Veränderung
Storch	Park			Veränderung bringt Veranstaltung

Tabelle 21	Karte 1:	Berg		
Karte 2:	Karte 3			Erläuterung
Baum				hindernisreiches Leben
Blumen				Der Freund lässt noch auf sich warten
Fuchs				eine Blockade, die du dir einredest
Haus				ein den eingen vier Wänden abgekapselt
Haus	PK			ältere Leute
Hund				Etwas stört die Freundschaft
Kind				geringfügige Schwierigkeiten
Reiter				durch eigene Gedanken blockiert
Ruten				Eine Aussprache soll verhindert werden
Sarg				Dir macht etwas zu schaffen
Schiff				Reisen in ein bergiges Land
Sense				gefahrvolles Hindernis
Sterne				Veränderung wird blockiert
Storch			davor:	Die Veränderung bringt Blockade
Storch			dahinter:	Veränderung wird blockiert
Vögel				aufregendes Hindernis
Wolke				Blockade hält an

Tabelle 22	Karte 1:	Wege		
Karte 2:				Erläuterung
Baum				langer Weg, mehr als 5 Jahre
Fuchs				Das ist der falsche Weg
Herz				Das ist der beste Weg für dich
Klee				in drei bis fünf Tagen
Kreuz			dahinter:	Das ist der falsche Weg
Kreuz			davor:	Zähigkeit macht sich jetzt bezahlt
Kreuz			darüber:	karmischer Weg
PK				der Weg des geringsten Widerstandes
Sarg				Es wird viel von dir verlangt
Sterne				gefühlsmäßige Entscheidung
Storch				Veränderung innerhalb v. sieben Wochen
Vögel				Aufregungen und Sorgen
Wolke			hell:	sich erstmals Durchblick verschaffen
Wolke			dunkel:	Langes Zögern ist ungünstig

Tabelle 23	Karte 1:	Maus		
Karte 2:	Karte 3			Erläuterung
Buch				Das Geheimnis lüftet sich
Fuchs		Maus	Fuchs	Gefahr von Diebstahl
Fuchs		Fuchs	Maus	Ehrlichkeit
Klee				Das bisschen Glück wird einem genommen, Ärger
Klee				Das Problem löst sich
Kreuz			davor:	totaler Verlust
Kreuz			dahinter:	Auflösung
Kreuz	Ring			Auflösung der Ehe
Kreuz	Anker			Verlust des Arbeitsplatzes
Lilie				Liebe ohne Sexualität
Wolke			helle Seite:	Verschafftdir Klarheit
Wolke			dunkle Seite:	besser auf die Gesundheit achten

Tabelle 24	Karte 1:	Herz		
Karte 2:				Erläuterung
Bär				leidenschaftliche Liebe
Baum				die Liebe des Lebens
Berg				kann seine Gefühle nicht offen darlegen
Blume				offizielle Verlobung; lieber Besuch
Fuchs				Falschheit in der Liebe
Haus				liebt sein Zuhause
Herr				Hilfsbereitschaft
Hund				gute Freunde
Kreuz				unerfüllte Liebe
Lilie				Sex als Erfüllung einer großen Liebe
Maus				unerfüllte Liebe
Mond				tiefe Liebe
Reiter				lieber Besuch kommt
Reiter	Brief			Heiratsantrag
Reiter	Ruten			Heiratsantrag
Ring				Liebesheirat oder herzlich willkommen
Sarg				Liebeskummer, unerfüllte Liebe
Schiff				Lieber Besuch kommt, Reise in Liebes-dingen
Sense				Eifersucht

Tabelle 24	Karte 1:	Herz		
Karte 2:	Karte 3	Karte 4		Erläuterung
Sterne				erfüllte Liebe
Turm				bleibt mit seinen Gefühlen allein
Turm	Lilie	Bär		Steigerung zu leidenschaftlicher Liebe
Vögel				Herzklopfen
Wolke			dunkel:	verträgt keine Aufregung
Wolke			hell:	Liebe, die noch alle Möglichkeiten offen hat
Wolke	Sarg			Liebeskummer, unerfüllte Liebe

Tabelle 25	Karte 1:	Ring		
Karte 2:	Karte 3			Erläuterung
Anker				nicht loslassen können
Bär				verheiratete Person
Baum				vertraglich gebunden
Baum				lebenslange Verbindung
Berg				blockierte Verbindung
Blumen				harmonische Ehe
Blumen	Anker			anspruchsvoller Arbeitsvertrag
Brief				Heiratsantrag
Buch				geheime Verbindung
Dame				Dame fühlt sich gebunden
Fische				lukrative Verbindung, Vertrag
Fuchs				falsche Verbindung, Vertrag prüfen
Haus				stabile Verbindung
Herr				feste Verbindung
Herz				herzliche Liebesbeziehung
Hund				lang währende Verbindung, Vertrag
Kind				neue Verbindung
Kind	Anker			neuer Arbeitsplatz
Klee				schon bald

Tabelle 25	Karte 1:	Ring		
Karte 2:	Karte 3			Erläuterung
Kreuz			dahinter:	kontinuierliche Auflösung
Kreuz			davor:	feste, gute Verbindung
Lilie				sexuelle Verbindung
Lilie				feste, gute Verbindung zur Familie
Maus				plötzliches Ende der Verbindung
Mond				tiefe Verbindung
Park				Hochzeit
Park				Verbundenheit mit der Öffentlichkeit
Park	Buch			Standesamt
Park	Turm			Kirche
Reiter				Die Verbindung kommt auf dich zu
Reiter	Brief			Heiratsantrag
Reiter	Herz			Liebesantrag
Ruten				Ehestreitigkeiten
Sarg				endgültige Trennung
Schiff				Verbindung kommt auf dich zu
Schlange				Verbindung bringt Intrigen
Schlüssel				Es fällt dir zu
Sense			davor:	gefährlicher Vertrag
Sense			darüber:	erdrückende Verbindung

Tabelle 25	Karte 1:	Ring		
Karte 2:	Karte 3			Erläuterung
Kreuz			dahinter:	kontinuierliche Auflösung
Kreuz			davor:	feste, gute Verbindung
Kreuz			darüber:	karmische Verbindung
Sense			davor:	erdrückende Verbindung
Sense			dahinter:	Verbindung kommt plötzlich
Sonne				außerordentliche Verbindung
Sonne	Anker			Beruf, der mit Gold zu tun hat
Sterne				erfüllte Verbindung
Storch				Vertrag bringt Veränderung
Storch	Ring			Veränderung bringt Vertrag
Turm				Scheidung
Turm	Berg			Trennung ist endgültig
Turm	Sarg			Es wird nie wieder wie vorher
Vögel				Schwierigkeiten in der Beziehung
Vögel	Sense			Bruch
Wege				Entscheidung zugunsten einer Verbindung
Wolke			helle Seite:	Unklarheit
Wolke			dunkle Seite:	Verbindung bringt Kummer

Tabelle 26	Karte 1:	Buch		
Karte 2:	Karte 3	Karte 4		Erläuterung 1
Baum				Geheimnis wird mit ins Grab genommen
Maus				Geheimnis wird gelüftet
Park				geheime Organisation
PK			im Rücken:	Person kennt man noch nicht
Reiter				Jemand wird dir etwas anvertrauen
Schiff				Diese Reise kommt unerwartet
Sense	Anker	Fuchs		Geheimdienst
Sterne				Begabung zum Kartenlegen

Tabelle 27	Karte 1:	Brief		
Karte 2:	Karte 3			Erläuterung
Baum				Nachricht lässt auf sich warten
Berg				Eine Nachricht erreicht dich nicht
Park				Einladung zu einer Veranstaltung
Reiter				Geschenk oder schriftliche Nachricht
Ring	Reiter			Heiratsantrag
Ruten				wichtige Nachricht
Sarg				Krankschreibung oder Befund
Schiff				Ein Brief ist unterwegs
Sonne				Energiesendung, Freude
Sterne				transzendentale Kontakte
Turm				Behördenbrief
Wege				Nachricht kommt in sieben Wochen
Wege				zwei Nachrichten unterwegs

Tabelle 28/29	Karte 1:	PK (Hauptpersonenkarte)		
Karte 2:	Karte 3	Karte 4		Erläuterung
Baum			darüber:	träger Mensch
Baum			daneben:	sehr ruhiger Mensch
Baum	PK			Zwischen beiden herrscht nur Leere
Berg				Hemmungen
Berg	Ruten			Sprechhemmungen
Buch				Rede nicht über alles
Buch			im Rücken:	Diese Frau kennt man noch nicht
Haus	Turm	Fische		Geldknappheit
Haus	Turm	Fische	Berg	Geiz
Lilie			darüber:	tugendhaft
Lilie			im Rücken:	Feigheit
Lilie			davor:	stellt die Harmonie über alles
Reiter				Abwesenheit
Sarg				nervös, nicht ganz gesund
Sarg			im Rücken:	nimmt anderen die Kraft weg
Sense				brutaler Mensch
Sonne	Ruten			gerader Mensch
Sonne	Ruten	Mond		Medium
Sonne	Ruten	Sterne		Medium
Turm	Wolke			Gefängnis

Tabelle 28/29	Karte 1:	PK		
Karte 2:	Karte 3			Erläuterung
Wege				geht den Weg des geringsten Widerstandes
Wolke			helle Seite:	kann nichts Negatives vertragen
Wolke			dunkle Seite:	kann nichts Negatives vertragen
Wolke	Sense			*Spitze weist auf* Wolke: selbstmordgefährdet

Karte 1:	30	Lilie		
Karte 2:	Karte 3	Karte 4		Erläuterung
Baum				Stabile, gesunde Familie
Berg				sexuelle Hemmungen
Blume				Familienfest
Fische				Seelische, nicht sexuelle Beziehung
Herz				sexuelle Liebe
Herz	Sterne			erfüllte Liebe
Hund				Kameradschaft
Kind				kleinerer Familienkreis
Maus				flieht vor jeder familiären Bindung
Maus				an Sexualität nicht interessiert
Mond				beruflicher Erfolg
Mond				Sexualität mit viel Zärtlichkeit
Reiter				mehrere sexuelle Beziehungen
Reiter	Lilie	Vögel		nymphomane Veranlagung
Ring				starke Verbindung zur Familie
Ring				festes Verhältnis
Sarg				gesundheitlich gefährdete Familie
Schiff				sexuelle Wünsche
Schiff	Haus			beschützt von einem Freund

Tabelle 30	Karte 1:	Lilie		
Karte 2:	Karte 3	Karte 4		Erläuterung
Schiff	Haus	Anker		Familienbetrieb
Sense				Vorsicht vor dieser Familie
Sonne				Glück und Reichtum
Sonne				Leidenschaft, starke Familie
Sterne				Sehnsucht
Vögel				Aufregung wegen sexueller Erlebnisse
Wolke	Sarg			Geschlechtskrankheiten
Wolke	Sarg	Herz		AIDS-Erkrankung

Tabelle 31	Karte 1:	Sonne		
Karte 2:	Karte 3	Karte 4		Erläuterung
Berg				blockierte Energie
Blume				große Freude, Stimmungshoch
Brief				Kartenlegerin
Fuchs				Der Schein trügt
Fuchs	Kreuz			scheinheilig
Haus				In diesem Haus fühlt man sich wohl
Haus				gesunder Körper
Kind				Freude über ein Kind
Mond				hohe Medialität
Mond	Sterne			totale Medialität
Park				gute Gesellschaft, die einen weiter bringt
Ruten				Geistesheilung
Sarg				geschwächte Energie
Sense			dahinter:	plötzlicher Aufschwung
Sense			davor:	Elektrizität
Sense	Sarg	Sonne		Explosion
Sterne				vollkommener Erfolg
Turm				doppelte Energie vorhanden
Vögel				Sorgen, die sich aufhellen
Wolke			dunkel:	urlaubsreif
Wolke			hell:	im Stress

Tabelle 32	Karte 1:	Mond		
Karte 2:	Karte 3	Karte 4		Erläuterung
Anker				tiefe Gefühle
Berg				begrenztes Denken
Fische				tiefe Gefühle
Herz				tiefe Liebe
Kreuz			dahinter:	Verwirrte Person
Kreuz			darüber:	karmische Medialität
Lilie				empfindsame Familie
Reiter				Meditation über sich selbst empfohlen
Ring				tiefe Verbindung
Ruten				Begabung zum Pendeln
Schiff				Tiefgründigkeit
Sense			davor:	andere verletzen
Storch				Veränderungen, die die Seele betreffen
Turm				Nervenarzt
Turm	Fische			Psychiater
Vögel				Kummer
Wolke			dunkel	Depressionen
Wolke	dunkel	Sarg		schwarze Magie

Tabelle 33	Karte 1:	Schlüssel		
Karte 2:				Erläuterung
Klee				das Glück kommt auf jeden Fall
Brief				die Nachricht kommt auf jeden Fall

Tabelle 34	Karte 1:	Fische		
Karte 2:	Karte 3	Karte 4		Erläuterung
Brief				Scheck
Fuchs				falsche Einstellung zum Geld
Kind				Kleingeld
			dahinter:	ständige Geldausgaben
Kreuz			davor:	ständige Geldeinnahmen
Park				Börse, Spielsalon
PK	Fische		Berg	Sparsamkeit
Reiter				Geldsendung ist unterwegs
Ring				besitzt Vermögen; seelische Verbindung
Ruten				Geldhandel
Ruten	Ring			Warentermingeschäfte
Sarg				Geldquelle ist am Versiegen
Sonne				Geldzuflus
Sonne	Sterne			Zehntausend
Turm	PK			Geiz
Turm	Dame	Maus		Restaurant
Turm				Bank
Turm	Mond			reiche Leute
Turm	Fuchs			Finanzamt
Wege				Gefühlsmäßige Entscheidung ist richtig

Tabelle 35	Karte 1:	Anker		
Karte 2:	Karte 3	Karte 4		Erläuterung
Baum				Beruf, der mit Holz zu tun hat; Beamter
Berg				Beruf, der mit Steinen zu tun hat
Blumen				Blumen, Gestaltung oder Dekoration
Brief	Kind			Kurzarbeit
Fische				Arbeit mit Geld oder Dokumenten
Fische	Sense			Elektriker, Warenhandel
Fische	Sense	Ring		Warentermingeschäfte
Haus				Hausfrau, sicherer Arbeitsplatz
Herz				Beruf ist dein Hobby
Hund			senkrecht:	Veterinär
Kind				beruflicher Neubeginn
Kind				unbedeutende Tätigkeit
Kreuz			davor:	Auflösungsvertrag
Kreuz			darüber:	karmisch bedingte Arbeit
Maus				Bevorstehender Arbeitsplatzverlust oder Wechsel (muss nicht Kündigung sein)
Mond				Beruf im seelischen Bereich
Park				Kontakt zu vielen Leuten
Park				großes Unternehmen

Tabelle 35	Karte 1:	Anker		
Karte 2:	Karte 3	Karte 4		Erläuterung
Park	Baum			Kontakt zu vielen Leuten
Reiter				Vertreter, Kellner
Ruten				Schicht oder Teilzeit
Ruten	Vögel			Polizist
Ruten	Sense			in der Nähe
Ruten	Brief			Schreibarbeiten
Sarg	Sense	Fische		gefährliche Schwarzarbeit
Schiff				Reisebüro
Schiff	Reiter			Reiseleiter
Sense			darüber:	Beruf ist seelische Belastung
Sense			davor:	gefahrvoller Beruf
Sense			dahinter:	plötzliche Entscheidung wegen Beruf
Sonne				Organisationsvermögen
Sonne				Arbeit mit Energie
Sterne				erfüllter Beruf, künstlerischer Bereich
Sterne	Turm			Arzt
Storch				Zeitarbeit
Turm				führende Position, Behörde

Tabelle 35	Karte 1:	Anker		
Karte 2:	Karte 3	Karte 4		Erläuterung
Turm				selbständige Tätigkeit
Turm	Fisch	Fuchs		Finanzamt
Wege			Arbeitslose:	auf anderen Beruf umschulen
Wege				Beruf, der mit Grundstücken zu tun hat
Wolke			helle Seite:	Beruf, der mit Chemie zu tun hat
Wolke			dunkle Seite:	unerträgliches Betriebsklima

Tabelle 36	Karte 1:	Kreuz		
Karte 2:	Karte 3			Erläuterung 1
Dame			in Rücken:	Schwierigkeiten lösen sich auf
Haus			darüber:	schicksalhaftes Haus
Haus			davor:	richtiges Haus
Park				Kirche
Park	Anker			Pfarrer
Schlüssel			dahinter:	wackelige Angelegenheit
Sonne				Energie kommt zurück
Storch				bis zu drei Wochen
Wolke			helle Seite:	Unklarheiten hellen sich auf
Wolke			dunkle Seite:	besser auf die Gesundheit achten